Dieses Buch gehört:

Birgit Högl · Petra Lefin

Tag für Tag durch den Advent

Hase und Igel®

Schmücke den Adventskranz mit vier Kerzen.

Du brauchst:

- Kerzen vom Bastelbogen 1

- Schere
- Klebstoff

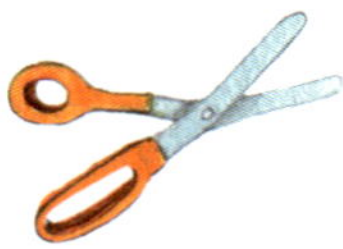

So wird's gemacht:

1. Schneide die vier Kerzen aus.
2. Klebe sie auf den Adventskranz.

Male an jedem Adventssonntag eine Flamme auf eine Kerze.

Was kannst du im Advent sehen , hören 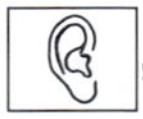,
riechen , schmecken  und fühlen ?

Male unter jedem Bild die passenden Kästchen aus. 

Was gehört nicht auf den Weihnachtsmarkt?

Kreise ein.

Holzspielzeug

Lass die Barbarazweige blühen.

Du brauchst:

- gelbes oder weißes Seidenpapier
- Klebstoff

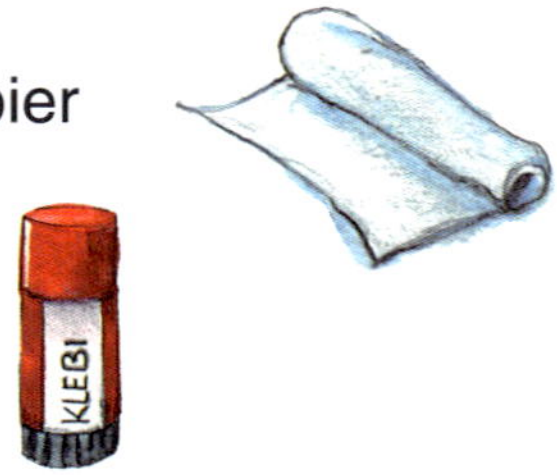

So wird's gemacht:

1. Reiße kleine Stücke Seidenpapier ab und zerknülle sie zu kleinen Kugeln.
2. Klebe die Kugeln als Blüten auf die Barbarazweige.

Besorge Zweige von einem Kirschbaum oder Forsythienstrauch. Stelle sie in eine Vase mit warmem Wasser und erlebe, wie sie an Weihnachten ihre Knospen öffnen.

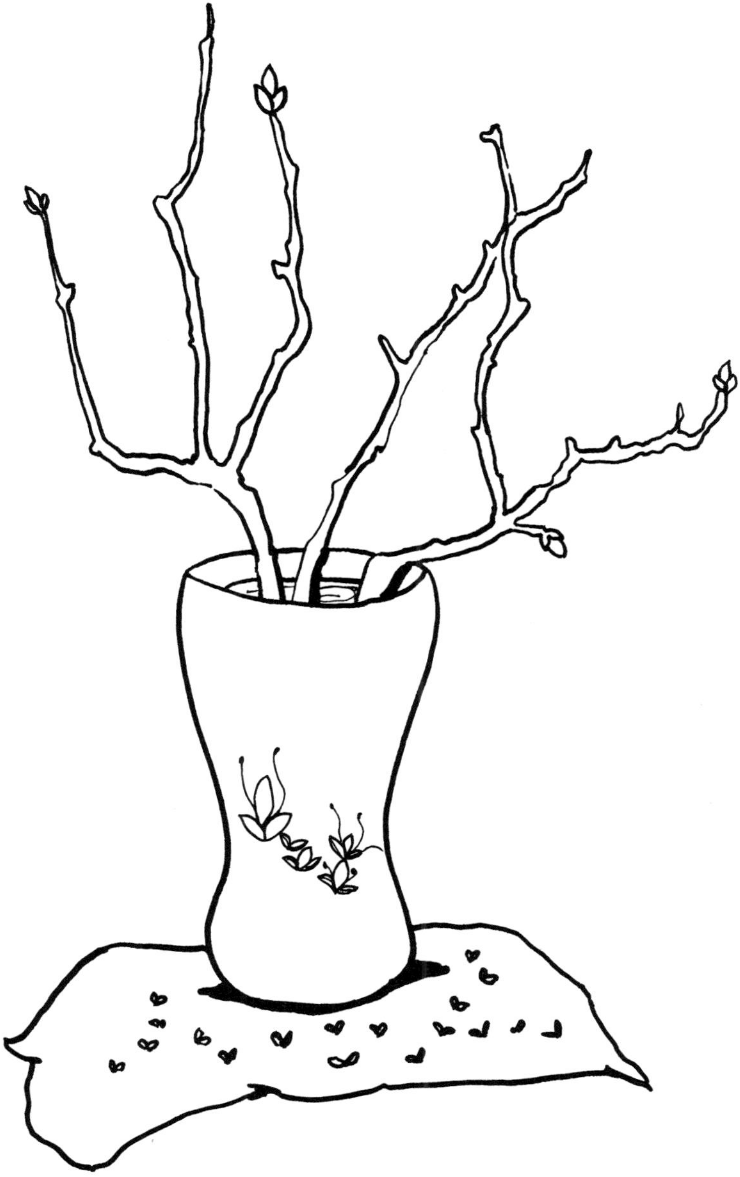

Sprich das Gedicht und mache die passenden Bewegungen dazu.

Aus dem Fenster
schau ich raus,

ich suche nach
dem Nikolaus.

Ist das seine
Bischofsmütze?

Nein, das ist die
Kirchturmspitze!

Sieht das wie
sein Rucksack aus?

Nein, es ist
der Baum vorm Haus.

Ist das nicht sein Bart,
so weiß?

Nein, das ist ein Zapfen
aus Eis.

Schau dir mal
die Stiefel an!

Nein, die gehör'n
dem Nachbarsmann.

Doch schau,
da winkt mir einer zu:

Nikolaus,
das bist ja du!

Sankt Nikolaus

Vor langen, langen Jahren
in einem fernen Land
lebt einst ein heil'ger Bischof,
Sankt Nikolaus genannt.

Er war geliebt von Groß und Klein,
denn alle wollte er erfreu'n,
und noch vom Himmel steigt er nieder,
beschenkt die guten Kinder wieder.

Volksgut

Klebe dem Nikolaus einen Bart aus Watte auf.

Schneeflöckchen, Weißröckchen

2. Komm, setz dich ans Fenster,
   du lieblicher Stern,
   malst Blumen und Blätter,
   wir haben dich gern.

3. Schneeflöckchen, du deckst uns
   die Blümelein zu,
   dann schlafen sie sicher
   in himmlischer Ruh.

Male gleiche Schneeflocken mit einer Farbe aus.
Wie viele bleiben übrig?

Welche Spur gehört zu welchem Tier?

Male die Tierspuren weiter.

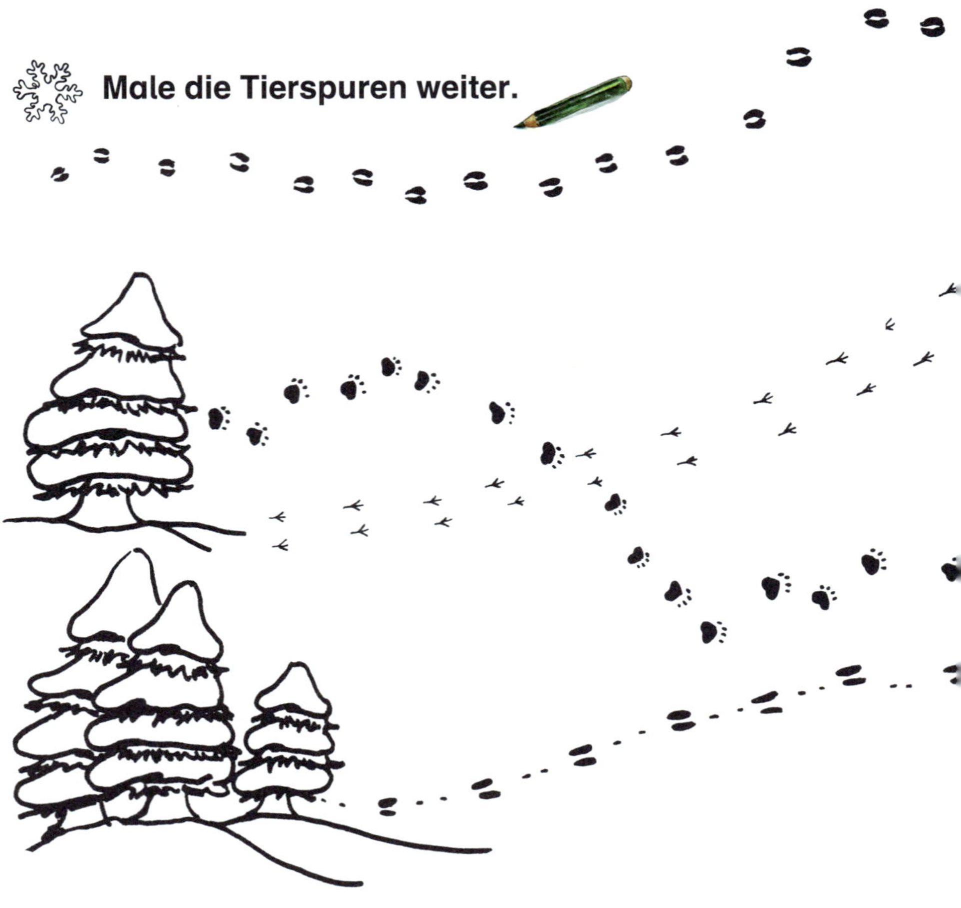

Welche Vögel fliegen hinüber zum Futterhaus?

Kreise sie am Futterhaus ein.

**In jedem Vers fehlt ein Reimwort.
Male jeweils das Bild mit dem passenden Reimwort aus.**

Im Winter leuchten in der Ferne
ganz golden hell die vielen

Uns macht der Winter gar nichts aus,
wir bau'n einen Schneemann vor dem

Erst den Bauch und dann den Kopf
und oben drauf ein alter

Male den Schneemann fertig.

Verziere die Kerze mit bunten Wachstropfen.

Du brauchst:

- eine brennende Kerze

So wird's gemacht:

Male das Nuss-Mandala
auf der rechten Seite aus.

Lege selbst ein Mandala mit Nüssen.
Lass dir die Nüsse anschließend schmecken.

Plätzchen backen auf deinem Rücken?

Lass dir von einem Partner den Rücken massieren.

Untergrund säubern

Zutaten in eine Schüssel geben:
Mehl, Zucker,
Butter, Eier

Teig kräftig durchkneten

Teig dünn ausrollen

Plätzchen ausstechen

Plätzchen auf das Backblech legen

Blech in den warmen Ofen schieben

Plätzchen aus dem Ofen holen

Plätzchen probieren, sind noch heiß

Untergrund säubern

Und jetzt Partnerwechsel!

Male auf jedem Backblech
die vorgegebene Plätzchenform aus.

Bastle ein leckeres Haus.

Du brauchst:

- 3 Butterkekse
- einen Dominostein
- Puderzuckerglasur aus 3 Esslöffeln Puderzucker und etwas Zitronensaft

So wird's gemacht:

1. Bestreiche eine Seite des Dominosteins mit etwas Puderzuckerglasur und setze ihn in die Mitte eines Butterkekses.
2. Setze die beiden anderen Butterkekse als Dach auf den Dominostein. Bestreiche die Verbindungsstellen vorher mit Puderzuckerglasur.

Verschenke das Kekshaus oder iss es selbst.

Bastle einen Stern.

Du brauchst:

- Quadrat vom Bastelbogen 1
- Schere
- Klebstoff

So wird's gemacht:

1.

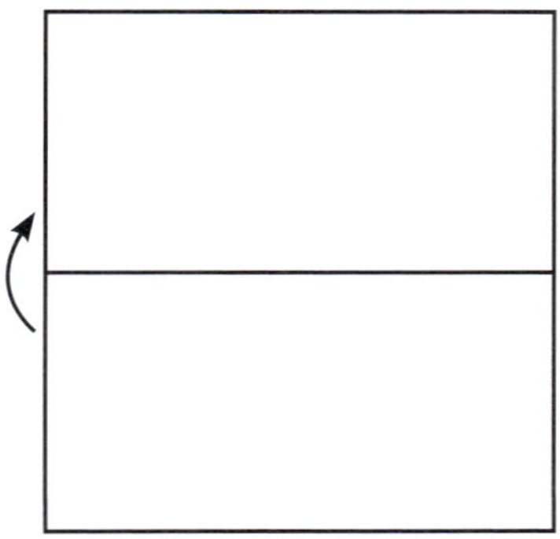

2.

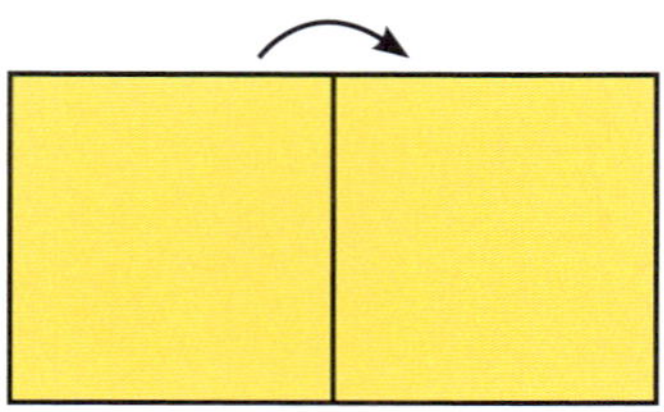

3.

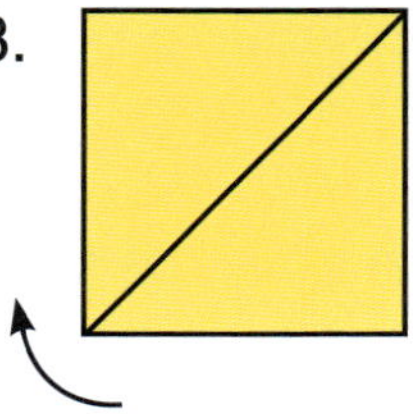

4.

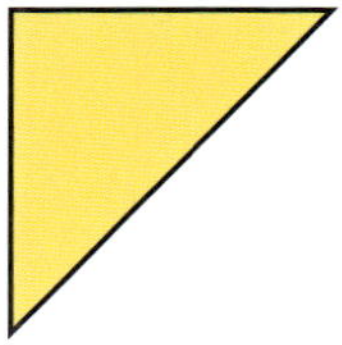

5.

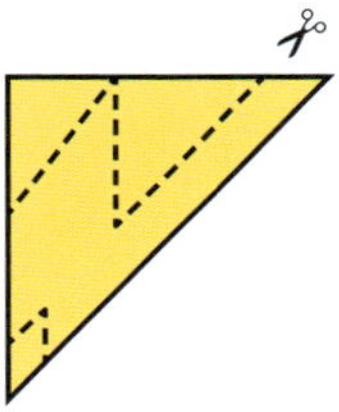

6.

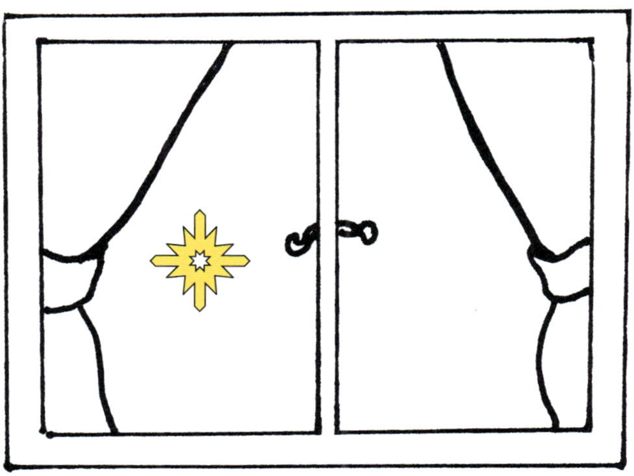

Kling, Glöckchen, kling!

2. Mädchen, hört und Bübchen,
macht mir auf das Stübchen,
bring euch viele Gaben,
sollt euch dran erlaben.

Male die Felder farbig aus.

Bastle eine Duftkugel.

Du brauchst:

- Orange
- Gewürznelken
- Schere
- ca. 1 cm breites und 50 cm langes Band

So wird's gemacht:

1. Bestecke die Orange mit den Gewürznelken.
2. Binde das Band so um die Orange herum, dass sie nicht herausfallen kann. Lass dir dabei von einem Erwachsenen helfen.
3. Hänge die Orange an dem Band auf.

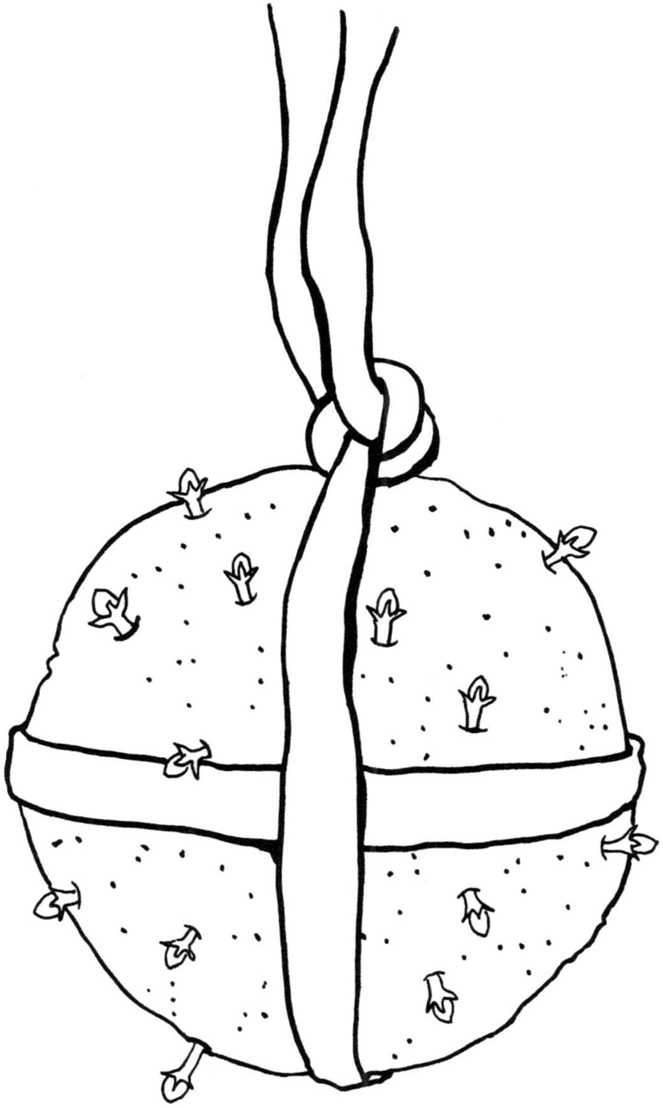

Male das Bild aus.

Finde den Weg des Hirten zu seinen Schafen.
Male ihn aus.

Bastle glänzende Flügel für den Engel.

Du brauchst:

- Goldfolie, Glitzerpapier oder gelbes Glanzpapier
- Klebstoff

So wird's gemacht:

1. Reiße aus der Goldfolie kleine Stückchen.
2. Beklebe die Flügel damit.

Was steckt in den Geschenken?

Verbinde und male aus.

PUZZLE

Puzzle einen Tannenbaum.

Du brauchst:

- Puzzleteile vom Bastelbogen 2
- Schere
- Klebstoff
- Farbstifte

So wird's gemacht:

1. Schneide die Puzzleteile vom Bastelbogen aus.
2. Lege sie passend auf die rechte Seite.
3. Klebe die Puzzleteile auf.

Schmücke den Tannenbaum mit Kugeln, Kerzen und Sternen.

Malt die Kugeln zu zweit farbig aus.

Ihr braucht:

- einen Würfel
- 6 Farbstifte

So wird gespielt:

1. Würfelt abwechselnd.
2. Nehmt einen passenden Farbstift:

3. Malt ein passendes Feld aus.

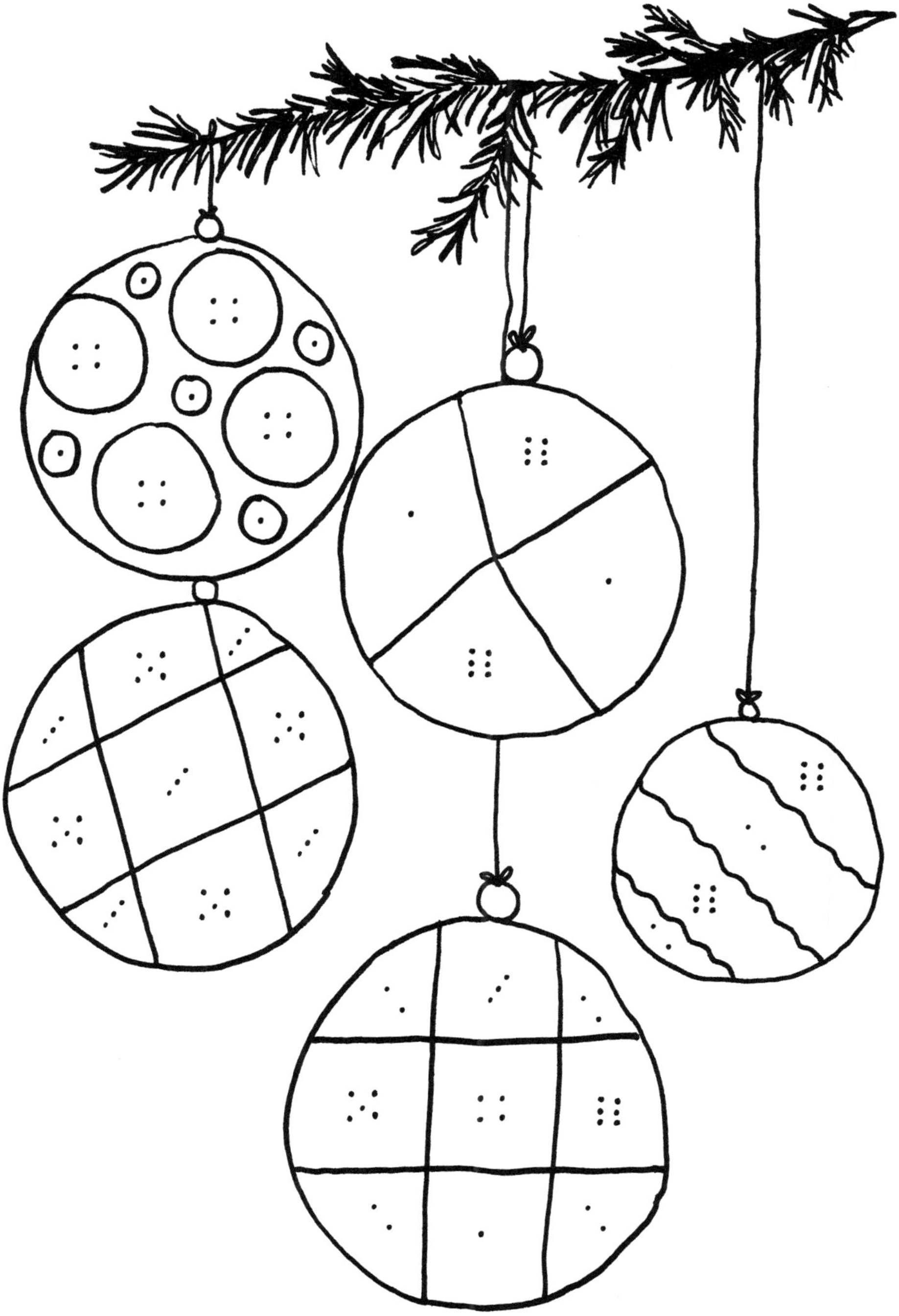

Die Weihnachtsgeschichte

Der Kaiser wollte die Menschen in seinem Land zählen.
Josef wanderte deshalb mit seiner Verlobten Maria
nach Bethlehem.
Dort fanden sie keinen Platz in einer Herberge.
So kam Marias Kind in einem Stall zur Welt.
Sie wickelte es in Windeln und legte es in eine Krippe.

Ein Engel trat zu den Hirten,
die auf den Feldern ihre Schafen hüteten.
Er sagte zu ihnen:
„Fürchtet euch nicht.
Der Sohn Gottes ist geboren!“

Die Hirten eilten zum Stall
und fanden das Kind in der Krippe.
Sie knieten nieder und dankten Gott.

Dann kehrten sie voller Freude
zu ihren Schafen zurück.

Vervollständige das Bild.

Du brauchst:

- Stern vom Bastelbogen 2
- Schere
- Klebstoff

So wird's gemacht:

1. Schneide den Schweifstern vom Bastelbogen aus.
2. Klebe ihn über die Krippe.

Originalausgabe

www.hase-und-igel.de
Lektorat: Monika Burger, Barbara Wermann
Layout: Claudia Trinks
Illustrationen: Petra Lefin, Sabine Scholbeck (S. 17)
Druck: Himmer AG, Augsburg

ISBN 978-3-86760-643-1
2. Auflage 2011

Bastelbogen 1 ✂

16. Dezember

1. Dezember

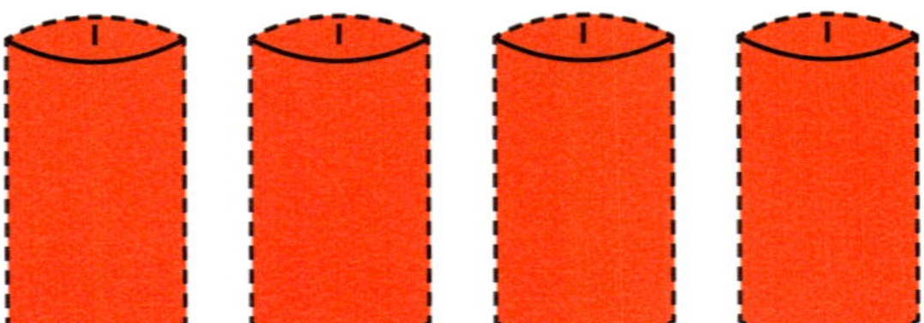

Bastelbogen 2 ✂

24. Dezember

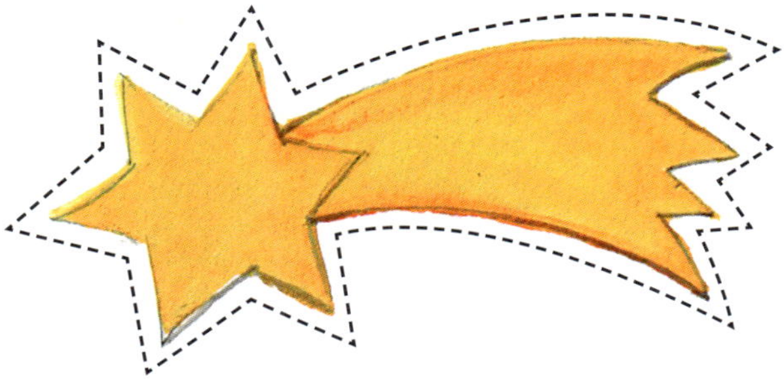

22. Dezember